Made in the USA
Monee, IL
28 November 2021

83261060R00070